hello
こんにちは
konnichiwa
(kon-ni-chi-wa)

ice cream
アイスクリーム
aisukuriimu
(ais-ku-ree-mu)

water
みず
mizu
(mi-zu)

supermarket
スーパーマーケット
sūpāmāketto
(soo-pah-mah-ket-to)

banana
バナナ
banana
(ba-na-na)

duck
かも
kamo
(ka-mo)

taxi
タクシー
takushii
(tak-shee)

t-shirt
ティーシャツ
tiishatsu
(tee-sha-tsu)

swimming pool
プール
pūru
(poo-ru)

cheese
チーズ
chiizu
(chee-zu)

bowl
ボウル
bōru
(boh-ru)

doctor
おいしゃさん
oishasan
(oy-sha-san)

cat
ねこ
neko
(ne-ko)

bus
バス
basu
(ba-su)

dress
ワンピース
wanpiisu
(wan-pee-su)

dog
いぬ
inu
(i-nu)

apple
りんご
ringo
(rin-go)

beach
ビーチ
biichi
(bee-chi)

bicycle
じてんしゃ
jitensha
(ji-ten-sha)

airport
くうこう
kūkō
(koo-koh)

juice
ジュース
jūsu
(joo-su)

market
いちば
ichiba
(i-chi-ba)

shoes
くつ
kutsu
(ku-tsu)

phone
でんわ
denwa
(den-wa)

post office
ゆうびんきょく
yūbinkyoku
(yoo-bin-kyo-ku)

restaurant
レストラン
resutoran
(res-to-ran)

hotel
ホテル
hoteru
(ho-te-ru)

milk
ぎゅうにゅう
gyūnyū
(gyoo-nyoo)

fish
さかな
sakana
(sa-ka-na)

chopsticks
はし
hashi
(ha-shi)

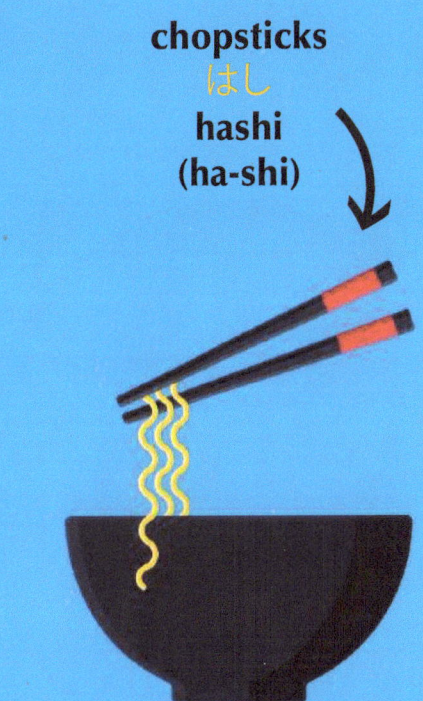

aeroplane
ひこうき
hikōki
(hi-koh-ki)

noodles
ラーメン
rāmen
(rah-men)

chocolate
チョコレート
chokorēto
(cho-ko-ray-to)

hat
ぼうし
bōshi
(boh-shi)

car
くるま
kuruma
(ku-ru-ma)

sunglasses
サングラス
sangurasu
(san-gu-ra-su)

chicken
チキン
chikin
(chi-kin)

train
でんしゃ
densha
(den-sha)

station
えき
eki
(e-ki)

toilet
トイレ
toire
(toy-re)

bed
ベッド
beddo
(bed-do)

house
いえ
ie
(ih-eh)

trousers
ズボン
zubon
(zu-bon)

suitcase
スーツケース
sūtsukēsu
(soots-kay-su)

plate さら **sara** **(sa-ra)** 	**knife** ナイフ **naifu** **(nai-fu)** 
fork フォーク **fōku** **(foh-ku)** 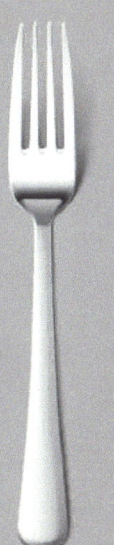	**spoon** スプーン **supūn** **(s-poon)** 

computer
コンピューター
konpyūtā
(kon-pyoo-tah)

book
ほん
hon
(hon)

sandwich
サンドイッチ
sandoitchi
(san-doh-it-chi)

yes
はい
hai
(hai)

no
いいえ
iie
(ee-eh)

cinema
えいがかん
eigakan
(ay-ga-kan)

park
こうえん
kōen
(koh-en)

menu
メニュー
menyū
(men-yoo)

passport
パスポート
pasupōto
(pas-paw-toh)

police officer
おまわりさん
omawarisan
(o-ma-wa-ri-san)

key
かぎ
kagi
(ka-gi)

ticket
きっぷ
kippu
(kip-pu)

sushi
すし
sushi
(su-shi)

rain
あめ
ame
(a-meh)

snow
ゆき
yuki
(yu-ki)

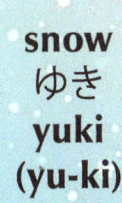

sun
たいよう
taiyō
(tai-yoh)

tree
き
ki
(ki)

cake
ケーキ
kēki
(kay-ki)

ball
ボール
bō-ru
(boh-ru)

flower
はな
hana
(ha-na)

bird
とり
tori
(to-ri)

egg
たまご
tamago
(ta-ma-go)

umbrella
かさ
kasa
(ka-sa)

panda
パンダ
panda
(pan-da)

money
おかね
okane
(o-ka-ne)

bank
ぎんこう
ginkō
(gin-koh)

mouse
ねずみ
nezumi
(ne-zu-mi)

scarf
マフラー
mafurā
(ma-fu-rah)

gloves
てぶくろ
tebukuro
(te-bu-ku-ro)

coat
てぶくろ
tebukuro
(te-bu-ku-ro)

hospital
てぶくろ
tebukuro
(te-bu-ku-ro)

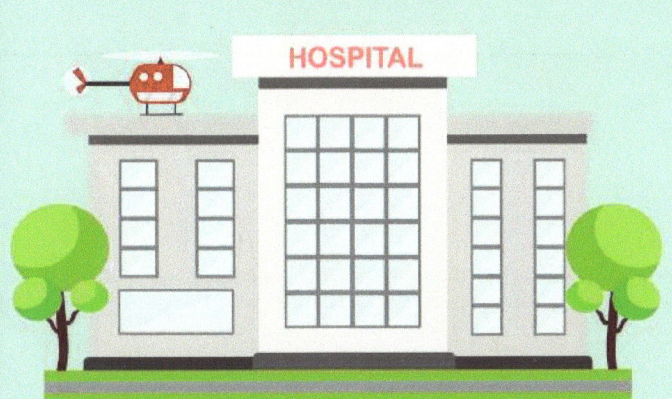

chair
いす
isu
(i-su)

table
テーブル
tēburu
(tay-bu-ru)

toothbrush
はブラシ
haburashi
(ha-bu-ra-shi)

toothpaste
はブラシ
haburashi
(ha-bu-ra-shi)

sun cream
はブラシ
haburashi
(ha-bu-ra-shi)

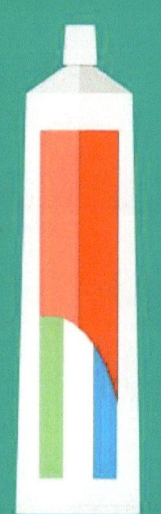

lion
はブラシ
haburashi
(ha-bu-ra-shi)

mountain
やま
yama
(ya-ma)

monkey
さる
saru
(sa-ru)

spider
くも
kumo
(ku-mo)

rice ごはん **gohan** **(go-han)** 	**pen** ペン **pen** **(pen)** 
window まど **mado** **(ma-do)** 	**door** ドア **do-a** **(do-a)** 

tent
テント
tento
(ten-to)

map
ちず
chizu
(chi-zu)

tomato
トマト
tomato
(to-ma-to)

moon
つき
tsuki
(ts-ki)

stars
ほし
hoshi
(ho-shi)

postcard
つき
tsuki
(ts-ki)

boat
ふね
fune
(fu-ne)

goodbye
さようなら
sayōnara
(sa-yoh-na-ra)

CPSIA information can be obtained
at www.ICGtesting.com
Printed in the USA
LVHW072328030122
707745LV00002B/117